百角文库

十二生肖
与动物故事

王静波 万建中 著

中国少年儿童新闻出版总社
中国少年儿童出版社
北京

图书在版编目（CIP）数据

十二生肖与动物故事/王静波，万建中著. -- 北京：中国少年儿童出版社，2024.1（2024.7重印）

（百角文库）

ISBN 978-7-5148-8404-3

Ⅰ.①十… Ⅱ.①王…②万… Ⅲ.①十二生肖-青少年读物 Ⅳ.① K892.21-49

中国国家版本馆 CIP 数据核字（2023）第 244996 号

SHIER SHENGXIAO YU DONGWU GUSHI
（百角文库）

出版发行：中国少年儿童新闻出版总社
　　　　　中国少年儿童出版社

执行出版人：马兴民

丛书策划：马兴民 缪 惟	美术编辑：徐经纬
丛书统筹：何强伟 李 橦	装帧设计：徐经纬
责任编辑：纪 旭	标识设计：曹 凝
责任校对：田荷彩	封 面 图：刘妍妍
责任印务：厉 静	

社　　址：北京市朝阳区建国门外大街丙 12 号		邮政编码：100022
编 辑 部：010-57526320		总 编 室：010-57526070
发 行 部：010-57526568		官方网址：www.ccppg.cn

印刷：河北宝昌佳彩印刷有限公司

开本：787mm×1130mm　1/32	印张：3
版次：2024 年 1 月第 1 版	印次：2024 年 7 月第 2 次印刷
字数：34 千字	印数：5001-11000 册
ISBN 978-7-5148-8404-3	定价：12.00 元

图书出版质量投诉电话：010-57526069　电子邮箱：cbzlts@ccppg.com.cn

序

提供高品质的读物，服务中国少年儿童健康成长，始终是中国少年儿童出版社牢牢坚守的初心使命。当前，少年儿童的阅读环境和条件发生了重大变化。新中国成立以来，很长一个时期所存在的少年儿童"没书看""有钱买不到书"的矛盾已经彻底解决，作为出版的重要细分领域，少儿出版的种类、数量、质量得到了极大提升，每年以万计数的出版物令人目不暇接。中少人一直在思考，如何帮助少年儿童解决有限课外阅读时间里的选择烦恼？能否打造出一套对少年儿童健康成长具有基础性价值的书系？基于此，"百角文库"应运而生。

多角度，是"百角文库"的基本定位。习近平总书记在北京育英学校考察时指出，教育的根本任务是立德树人，培养德智体美劳全面发展的社会主义建设者和接班人，并强调，学生的理想信念、道德品质、知识智力、身体和心理素质等各方面的培养缺一不可。这套丛书从100种起步，涵盖文学、科普、历史等内容，涉及少年儿童健康成长的全部关键领域。面向未来，这个书系还是开放的，将根据读者需求不断丰富、完善内容和结构。在文本的选择上，我们充分挖掘社内"沉睡的""高品质的""经过读者检验的"出版资源，保证权威性、准确性，力争高水平的出版呈现。

通识读本，是"百角文库"的主打方向。相对前沿领域而言，一些应知应会知识，以及建立在这个基础上的基本素养，在少年儿童成长的过程中仍然具有不可或缺的价值。这套丛书根据少年儿童的阅读习惯、认知特点、接受方式等，通俗化地讲述相关知识，不以培养"小专家""小行家"为出版追求，而是把激发少年儿童的兴趣、养成正确的思考方法作为重要目标。《畅游数学花园》《有趣的动物语言》《好大的地球》《看得懂的宇宙》……从这些图书的名字中，我们可以直接感受到这套丛书的表达主旨。我想，无论是做人、做事、做学问，这套书都会为少年儿童的成长打下坚实的底色。

中少人还有一个梦——让中国大地上每个少年儿童都能读得上、读得起优质的图书。所以，在当前竞争激烈的市场环境下，我们依然坚持低价位。

衷心祝愿"百角文库"得到少年儿童的喜爱，成为案头必备书，也热切期盼将来会有越来越多的人说"我是读着'百角文库'长大的"。

是为序。

马兴民

2023 年 12 月

作　者　序

"生肖"又称"属相",取"生于何年与何种动物相像"之意。生肖文化不为中国所独有,却是中国文化中颇具代表性的一种。"子鼠丑牛、寅虎卯兔、辰龙巳蛇、午马未羊、申猴酉鸡、戌狗亥猪",既代表了大自然十二年的轮回,也因各人生年而与每个人一一对应。中国人认为生肖揭示着人的性情和命运。

有个故事说,讲究星座的西方人不解,为何中国人将自己与动物作类比,在其他人因不能回答而略显尴尬的情况下，一聪明人从容答道："这恰恰代表了中国人的祖先对于自己后代寄予的期望和要求。鼠智慧有余而勤勉不足，牛吃苦耐劳却倔强呆板，二者互补结合，体现了祖先对中国人的第一组期望和要求；虎勇猛，兔谨慎，勇猛有余便为鲁莽，太过谨慎便成胆怯，而结合在一起便是胆大心细……"以此类推，这种配对还包括诸如龙的刚猛与蛇的柔韧，马的进取与羊的和顺，猴的灵活与鸡的恒定，狗的忠诚与猪的随和。此解虽为一家之言，但不乏可取之处：其一，中国人将自己与动物联系起来，其前提是已赋予了每种动物象征意义；其二，在中国人眼里，每种动物的特点中都既有长处又有短处，那么与之相对应的属相的每个人便需要扬长避短。

由此可见，理解生肖文化，必须先了解生

肖动物。本书便立足于十二种生肖动物，介绍它们的生活习性，重点在以此而引申出的文化形象，同时旁涉各种有关的文艺、体育内容等。作者不敢奢求全面深入，但求探其大略，发掘其内在趣味，力图使读者们认识到，生肖动物已不仅是自然界的生物，而且也是被赋予了意义、内涵之后的文化性灵。这品性各异、各具神韵的十二种动物投射了中国人丰富、立体的世界观、人生观和价值观，由此也可管窥中国文化的精妙所在。

目　录

1　鼠

1　　十二生肖鼠为大

2　　人类对鼠的崇拜

7　　鼠之童趣

8　牛

8　　牛是我们的朋友

11　　敬牛爱牛的传统

16　虎

16　　崇拜虎的文化习俗

20　　缤纷虎艺术

22　兔

  22　月中玉兔的由来

  23　小白兔竟是"进口货"

  25　兔子的特点

  26　深入人心的兔形象

28　龙

  28　变幻莫测的神龙

  29　龙的家族

  32　龙在中国文化中的地位

34　蛇

  34　让人亦忧亦喜的动物

  37　中国人的崇蛇风俗

  39　美女蛇的故事

41　马

41	沧海桑田话骏马
43	伯乐相马
45	妙趣横生的赛马运动
47	艺术长廊中的名马
49	**羊**
49	羊的驯养
50	羊为德畜
52	羊示吉祥
53	羊是衣食之源
55	**猴**
55	有趣的猴字猴句
56	聪明伶俐的猴
59	多彩猴艺术
63	**鸡**

63	鸡是神鸟
66	鸡有五德
68	辟邪纳福的鸡
69	无鸡不成宴
71	**狗**
71	人类最可靠的帮手
72	人与狗的动人故事
76	天狗吃日月
78	**猪**
78	猪的天性
79	猪的故事
82	美食与禁忌

鼠

十二生肖鼠为大

说到老鼠,它最值得炫耀的事,当然是它处于十二生肖之首啦。至于说到鼠为什么处在这么显要的地位,这里有一个有趣的传说。

玉皇大帝要给十二种动物排次第,派猫去通知其他十一种动物,中间并没有老鼠。老鼠偷听到了猫对牛的传话,便先下手为强,偷偷地第一个到天宫报到。糊涂的玉皇大帝见老鼠应卯，也不辨真伪，当下把它排在第一位。第一个被通知的牛反而成了第二位。猫给其他动物一个个传话完毕，赶到天宫，十二个座位已排完，没有了它的位子，所以十二生肖中老鼠成了老大，反倒没有了猫。从此，猫与老鼠结下大仇，只要见到老鼠，就要追咬。

人类对鼠的崇拜

我们都知道一句俗话："老鼠过街，人人喊打。"说明了人们痛恨老鼠的程度。由于老鼠咬坏东西、偷吃粮食、传染疾病，所以人们恨它，视之为不祥之物，一度将它列为"四害"之一。可事情往往存在相反的一面，我国有些地区则将老鼠视为灵兽，人们活着重要的两件大事——生育和发财竟然都和鼠类有着密切关系。

中国古代广泛流传一种叫"鼠咬天开"的传说。那还是在远古时期，天地混沌一片，宇宙没有形成，是老鼠在夜半子时出来活动，将这混沌咬破，使得天地分开，宇宙才成形。类似的神话故事在中国许多民族中都有讲述，只不过天地未开时的混沌状态，常常是以葫芦、金鼓等象征方式表现出来。拉祜族神话故事说，混沌未开时代，创世神厄莎种出了一个葫芦，葫芦老了，滚到山下海水里，螃蟹从海中把葫芦拖上岸来。老鼠咬了三天三夜，终于把葫芦咬通了一个洞，一男一女从葫芦里走出来，这就是拉祜族始祖扎迪和娜迪，他们长大后结为夫妻，生育后代。而老鼠也因此赢得了吃人粮食的特权。这一神话故事也说明老鼠是开天辟地的功臣，帮助了人类的新生和繁衍。

而十二生肖中的其他动物，基本上和这类创世及造人的传说没有关联。从这一点上来说，也足以证明鼠在古人心目中的崇高地位了。

北京故宫博物院珍藏有一部《十二生肖图册》，是清末著名画家任预的作品。其中的《子鼠图》画了五只小鼠，正抢食罐中撒出的瓜子。在十二生肖中，鼠属子，而且鼠的繁殖能力极强，而瓜子也是数量多、生长茂盛的植物的种子，因而《子鼠图》有多子多福的寓意。

老鼠与一些植物合为一体，是民间常见的吉祥图案。诸如"老鼠与葫芦""老鼠与葡萄""老鼠与石榴"等，是民间剪纸及年画普遍表现的题材。在这些题材中，老鼠成了人们敬奉的动物。鼠具有惊人的繁殖力，《本草纲目》中说，鼠孕一月而生，而且一胎多子。这种快而多的生育能力，实在令渴望多子多孙的人家向往。所以，鼠被民间视为多子多孙的象征。而葫芦、葡萄、石榴也属多籽，因此，人们便把老鼠与这类东西放在一起，强化了繁衍后代的愿望。

老鼠不仅和人类生育愿望有关，而且还与我们生活的另一个目标——发财有关联。在过去，广大劳动人民多半是家无隔宿之粮，鼠驾到，意味着这户人家粮食有余。民间认为家中鼠是吉祥、富裕的象征。

从上面的介绍我们可以知道，人们曾把生育后代和发财的愿望寄托在老鼠身上，这些做法只是满足了人们精神上的需求。事实上，鼠还可以帮助人类预报地震、台风和矿井的瓦斯泄漏，因此，在某些特殊行业里，流行有关鼠的禁忌习俗。矿井里有动物是吉祥的象征，东北煤矿工人尊鼠为鼠仙，忌讳在矿井中捕捉老鼠。矿工在井下，哪怕一日三餐杂粮菜皮填不饱肚子，在井下吃饭时，总要分一点儿饭菜喂老鼠。

这种崇尚老鼠的习俗是如何形成的呢？因井下有瓦斯、煤气等对人体有害的气体，老鼠和矿工一同生活在井下，它们也受到毒气的威胁。但鼠类对这些气体极为敏感，只有在没有毒气的地方，这种小精灵才出现，所以矿工见了老鼠就有一种安全感。

矿工最忌讳老鼠搬家，看起来似乎是一种迷信，其实也不尽然。矿井下时常会发生大冒顶推倒掌子面的不幸事故，这种人不易发现的周期压力冒顶，老鼠却对此特别敏感。发现鼠群集体迁徙，即是事故的预兆。生活在井下的矿工，摸出鼠的生活规律后，代代相传，这样就形成了矿中有关鼠的忌讳。井下有动物生存，这就向矿工们发出了安全的信息。因此，这一忌讳具有一定的科学道理。

鼠之童趣

小老鼠，上灯台，

偷油吃，下不来。

叫妈妈，妈不来，

叽里咕噜滚下来。

一滚滚到油缸里，

爬呀爬呀出不来。

儿歌里的小老鼠形象是多么活泼可爱啊！画家齐白石画过一幅名叫《烛鼠图》的画，画中老鼠张望着烛台里的灯油，旁边题款是"烛火光明如白昼，不愁人见岂为偷？"为老鼠做了小小的辩护，也说出了老鼠的心声。

牛

牛是我们的朋友

牛是农耕民族的祖先最早饲养的动物之一。《三字经》里写道:"马牛羊,鸡犬豕。此六畜,人所饲。"牛也是游牧民族最早饲养的牲畜之一,古代北方少数民族敕勒族有一首著名的民歌——《敕勒歌》:

敕勒川,阴山下,

天似穹庐,笼盖四野。

天苍苍，野茫茫，

风吹草低见牛羊。

中国古代对畜牛很重视。牛是农业社会中用处最大的动物，是农民的命根子。在农业社会，牛出生有证明，死亡须检验，和一般人没有什么两样。封建社会早期，牛出生必须申报，是公是母都有记录，牛生病了，也有专门的医疗书籍记载诊疗方法。牛车也有牌照，一旦牛病故了，必须做检验报告后才能处理，和现在人意外死亡必须得到法医的检验一样，非常慎重。

拥有牛这类大牲畜需要一定的经济实力，因而牛也是富裕的象征。早年农村家家户户都饲养牛，甚至一家有两三头也不足为奇。后来对牛的需求增多了，交易牛的市场应运而生，这种买卖牛的场所被称为"牛墟"。

宰杀牛是农民最不愿做的事情。牛通人性，知道自己将要被宰杀，两眼会一直淌着泪水。因此，宰杀的时候，要将牛头用布裹住，以免人牛泪眼相对。

在古代中原一带，祭祀常用牛羊做供礼，礼品有大牢、小牢的区别，大牢的牲品一定要有牛。祭祀神的仪式上，也非用牛不可，如天子祭拜天地、诸侯祭拜山川、士祭祖先等，都得有牛才能成祭。依据等级的不同，用不同的牛，如牺牛、肥牛、索牛等，但肯定都是最好的牛。用作大牢的牛毛色光泽，长相端庄，喂养精食，专人服侍。人们以为这是牛的最高荣誉，它一定乐意被选上当供品，于是后世便把义无反顾和奉献而不求回报的行为，称为"牺牲精神"。

敬牛爱牛的传统

牛是值得我们尊敬和爱护的。鲁迅先生写过一句脍炙人口的诗："俯首甘为孺子牛。""老黄牛"精神一直是我们中华民族艰苦创业的精神品格。古代文学作品也常将牛作为赞美的对象。在民间，或者说在农民的心目中，牛更是他们崇拜的对象。

牛对农业生产的作用的确是太大啦！农家对牛情感深厚，牛逐渐地被神化了，出现了对牛的崇拜。秦朝有祭祀牛王的风俗。那时候的神话传说中，牛王原本是南山的一棵大樟树，被人盗伐，树断之后，变成牛潜入水中，所以秦朝立祠来专门供奉牛王。汉朝画像石中有牛王神，为牛首人身。到了清朝，年画中的牛王神完全变成了人的形象,给人以亲近之感。牛王的形象各地有些差异,北京的牛王表情严峻,令人畏惧;河南的牛王则相对温和。养牛的农家一般都会张贴牛王神像。有些年画中的牛王神与马王神合在一起,叫作"牛马王同座",供饲养牛马的人家张贴。

在一些农村,牛被看成自己家中的一"口",和人一样对待,于是人们也为牛做生日。在广东梅县的华阳、梅林、龙村、硝芳等镇,每到"十月朝",也就是农历十月初一这一天,都要过传统的耕牛生日节。家家户户都在这一天为牛祝贺生日,感谢它的辛勤劳动,帮助主人五谷丰登。这天像过其他节日一样,人们买来好酒好菜,在家里大吃一顿。一大早,人们就以虔诚的心情,用糯米粉加适量的水搅拌均匀，做成五个"水煮丸"，象征五谷丰登。人们把水煮丸用青菜叶包好，一个一个喂给牛吃。牛吃完后，人们还在牛的头上挂一块红布巾，并亲切地用手在牛背上轻轻拍几下。有些人还风趣地对牛说一些感激的话语，如："牛哥，你辛苦了！""阿牛，多亏你帮忙，谢谢啦！"那么，为什么会选择"十月朝"作为耕牛的生日呢？主要原因大概是农历十月以后，人们进入了农闲时节。农谚说："十月朝，牛牯满垠跑。"意思是秋收完毕，田地里已无作物，可以任意放牧。

南方有些地方，给牛过生日则是在农历四月初八这一天。这个时段春耕完毕，家家户户准备糯米做成的美食，用来祭祀牛神，并分一些给耕牛吃，以酬谢耕牛春耕的辛劳。

由于敬牛、爱牛，视牛为农耕之宝，汉族一般人家禁忌杀牛。南北朝时明文规定，严禁宰杀耕牛，违者严惩。元朝以后渐食牛肉，但在广大农村至今仍多不食牛肉。即使是杀残牛，也多请老单身汉为之，牛主一般都回避，围观的人须把手放背后，以免被牛责怪见死不救。

牛如果有什么异常现象，则常常被视为不祥。中国少数民族中的鄂温克族在两头牛顶架时，如果牛角别在一起拉不开，便认为是不祥之兆。彝族忌放牛时牛顶上带回草圈或树杈，以为是不祥之兆，必须将牛杀死或卖掉。若犁地时，牛把犁耙脱落到另一头牛身上，也犯忌，要杀掉。牛尾巴夹在树枝上，说是有鬼勾引，不吉利，要杀掉。牛肚子发胀，也说有鬼作祟，亦必宰之。安徽一带，汉族忌讳早起听到牛鸣，俗以为有人侵害。佤族、苗族等民族，还有杀牛以占验吉凶的习俗。这些习俗都反映出牛在人们心目中的突出地位。

虎

崇拜虎的文化习俗

中国有句成语叫"谈虎色变",意思是一遇到可怕的事情,人的精神就紧张起来,脸色为之一变。在这个成语中,"虎"的原意是自然界中的老虎,引申开来,指所有让人害怕的事物。的确,虎不仅在十二生肖中(除去虚构的生肖"龙"之外)是最凶猛的一种动物,即使在整个自然界,能够和它抗衡的动物也屈指可数，再加上它的额头上刚好长出"王"字形斑纹，虎就当之无愧地成为"兽中之王"了。

由于老虎在自然界有过辉煌的历史，过去，人们特别崇拜老虎，曾创造出灿烂的虎文化。一些民族对老虎的崇拜甚至延续到今天。

图腾，是个人或群体将某种动物或植物视为祖先，或者认为与它有某种因缘，因而对它加以崇拜的现象。

崇拜虎的习俗往往产生在虎经常出没的地方。中国是产虎大国，因而过去也普遍存在这种习俗。中国东北、华南两地的山林产虎最多，那里的人们在与虎长期接触的过程中，形成了虎图腾崇拜。

在神话传说中，也有许多虎神灵，如西王母。根据古书的记载，她居住在玉山。她的长相很可怕，人面虎身，豹尾虎齿，喜欢像老虎一样长啸,还掌管着人的疾病和生死大权。

在一些节日中,虎也常常出现。过年贴的年画中常有虎。陕西、山西一些地方的人家在春节、清明节、端午节时都要蒸虎馍。虎馍不仅可以自家食用,也可以赠送亲友。虎馍在不同节日中分别承担着祭天、祭祖、辟邪以及传递亲情和友情等作用。

在中国文化中,虎被赋予了很好的象征意义。在人生的重要仪式以及成长的重要阶段,都会有虎形象伴随。

虎神不仅能够辟邪,而且象征着旺盛的生命力,因而虎形象在出生礼仪和儿童成长过程中扮演着重要角色。在人们的心目中,虎是娃娃的保护神。在陕西西部,人们在去庙里求子的同时,还要买一只泥塑的老虎,认为它可以保护求得的子嗣。

谁都希望自己家的小孩虎虎有生气，所以与虎有关的育儿习俗在东北各省，以及河南、河北、山东、山西、陕西等地广泛地存在着。有些地方，新生儿出生后要用虎骨水洗身，据说这样可以使孩子从小到老都不生病。很多家庭给孩子戴虎头帽，穿虎头鞋，将孩子打扮得像个小虎娃。在陕西，小孩做满月时，舅家要送一只黄布做的老虎，进大门时，将老虎尾巴剪断一截，丢在门外。这样，舅舅给外甥送去的是健康、勇敢的美好祝愿，而丢掉的是孩子在成长过程中可能会遇到的坎坷。山西流行在小孩过生日时，舅舅给外甥送虎枕，既可以当枕头，也可以当玩具。在南方汉族地区和东北鄂伦春族中，曾经还有让小孩佩戴虎爪和虎牙来驱鬼辟邪的风俗。

在中国，虎还象征着权威和力量。

古代常用"虎"字来称呼与军事、政治有关的人或事物,如称英勇善战的将士为"虎将",称勇武之臣为"虎臣",称英雄好汉为"虎贲(bēn)",称武科进士榜为"虎榜"。与军旅有关的器物常以虎的形象为装饰,如战士穿虎纹衣服,刀剑上刻虎,兵车和战旗上画虎等。这些行为都反映了人们希望通过模拟虎的形象,获得虎的勇气和力量的心理。春秋战国时期,虎符是兵权的象征。

缤纷虎艺术

远古岩画中,就有不少虎的图案。1987年,在河南濮阳西水坡原始墓葬中发现了用蚌壳塑成的龙图案和虎图案。它属于原始社会晚期的仰韶文化,距今已有六七千年的历史,被称为"中华第一龙虎"。在殷商青铜器和玉器上，虎形也是重要的图案。中国迄今为止发现的最大的青铜器是商朝的后母戊大方鼎，鼎耳外廓有两只猛虎，虎口相对，中含人头。湖南宁乡县出土的商朝青铜虎食人卣（yǒu）因为其特别的造型而著名。它整体呈虎形，怀抱一人，人头在虎嘴之中。古代的玉器中也常有虎形象，河南安阳妇好墓曾出土小型玉虎，小老虎们的形状就像爬行的婴儿，非常可爱。

在书法界，"一笔虎"赫赫有名。"虎"字从头到尾一气呵成，非功力深厚者难以写就，因而引得古代许多书法爱好者竞相书写，甚至清朝慈禧太后也尝试过书写"一笔虎"。她的那幅作品被称为"中华一笔虎"，真迹收藏于北京故宫博物院。

兔

月中玉兔的由来

关于月亮,古人有许多浪漫的想象,其中最著名的要数"嫦娥奔月"的传说了。据说广寒宫里冷冷清清,所以嫦娥并不开心,幸亏有一只玉兔与她为伴。

玉兔是嫦娥的宠物,这种说法在现代人心目中根深蒂固。可是,在古人的认识中,兔的地位却重要得多。月宫中不一定有嫦娥,却一定有兔子，它甚至是月亮的代表。古人认为，假如月亮没有了光辉，那就是兔子从月亮中出来了。古人不仅想象月亮中有兔子，而且还想象兔子在月亮中做什么。汉朝《乐府诗集》中有"白兔长跪捣药虾蟆丸"的诗句。晋朝文人傅玄在他的《拟天问》中说："月中何有？白兔捣药。"汉朝许多石画像中也有"玉兔捣药"的形象。

小白兔竟是"进口货"

中国人跟兔打交道的历史已经有若干万年了。早在原始社会，人类就猎取野兔作为食物。二十世纪七十年代，考古学家在北京周口店遗址发现了比北京猿人晚些、比山顶洞人早些的"新洞人"居住的"新洞"。新洞里的动物化石中就有野兔化石，洞里还有用火的痕迹，可以推断烧兔肉已经是当时人们的美食之一了。在殷商甲骨文中，有象形字"兔"；根据商朝甲骨卜辞的记录，当时的狩猎对象有象、虎、鹿等九种，兔也在其中。

尽管兔有灰、黑、白等多种颜色，但是提起兔子，人们头脑中马上出现的往往是小白兔的形象。这也难怪，家兔中确实白兔较多。可是，你知道吗？在中国古代，白兔特别稀有呢。古时候，人们难得见到白兔，认为白兔一出现，就是帝王仁德的好兆头，所以古人一旦发现白兔，就会把它作为贡品献给朝廷。

那么，为什么今天白兔如此常见了呢？原来，现在的这种白色家兔是明朝崇祯皇帝时由海外引进中国的。所以说，白兔是名副其实的"进口货"。

兔子的特点

因为跑得快,在中国文化中,兔子成了高速度的象征。有一个成语叫"静若处子,动若脱兔",本意是在军事行动中要灵活应战,该按兵不动时要像未出嫁的女子那样沉静,该发兵时就要像逃脱的兔子一样敏捷。后来,人们也常在军事之外的场合应用这句话。凡是讲求速度的事物,人们都希望它们"动若脱兔"。古时候,人们还常借兔的速度来形容光阴飞逝,比如古人常说:"日月跳丸,光阴脱兔。"

我们都知道《守株待兔》的故事。它讲的是一个农夫发现一只笨兔子撞上一棵树桩死了,从此他就天天守在那棵树桩旁,等着别的兔子也来撞。故事讽刺的是那些希望不劳而获的人。现实中像寓言里那么笨的兔子应该极少见吧,因为兔子是一种聪明的动物。童话《小兔子乖乖》讲述的就是兔妈妈不在家,小兔子运用智慧打败大灰狼的故事。

"聪明"有个同义词,但是含有贬义,那就是"狡猾"。有个成语叫"狡兔三窟",本意指兔子为了保命,给自己所栖息的窟穴打通不止一个出口,这样当天敌在一个洞口守候时,它就能从别的出口溜走。后来,人们用这个成语来比喻藏身的地方很多,便于逃避灾祸。

深入人心的兔形象

中国古代有以兔为"牺牲"的习俗。"牺牲",就是祭祀用的活物。古时候,常被用作"牺牲"的是牛、猪、羊、鸡、狗、兔这六类动物。将它们与"六畜"的种类相比较，我们会发现唯一不同的是"六畜"中有马而没有兔，看来"牺牲"中马的位置被兔替代了。这一方面说明由于马在古代是军人的坐骑，关乎国家的军事力量，不能用作牺牲；另一方面也说明了兔的重要性，它的地位几乎能与"六畜"相提并论。

众多节日中，与兔关系最密切的自然要属中秋节了。在中秋节，过去最有名的与兔有关的物件是"兔儿爷"。它是一种民间手工艺品，早在明朝就已出现，清朝特别盛行，流行于北京、天津地区，甚至延伸到山东一带。中秋节的兔儿爷有双重功能：一是作为神灵，接受大人和儿童的祭拜，以儿童祭拜为主；二是作为儿童玩具。

龙

变幻莫测的神龙

龙是人想象出来的一种动物。今天我们见到的威武神气的龙形象,是拼合了许多动物的特点而形成的。根据古人的说法,最常见的龙,它的形象有"九似":它的角像鹿的,头像骆驼的,眼睛像兔的,脖子像蛇的,腹部像蜃的,鳞像鲤鱼的,爪子像老鹰的,掌像老虎的,耳朵像牛的。

中国古典四大名著之一《三国演义》中，对龙做过这样一段描述：它能大能小，能升能隐。大的时候能够兴云吐雾，小的时候能够把身体藏起来；飞起来的时候在宇宙间翱翔，也有时候隐藏在波涛之中。可见，龙能够变化。据说龙收缩起来，能像琴弦那样细。

龙的家族

古人的想象力非常丰富，他们认为龙像自然界真实存在的动物一样，也分许多种类，如蛟龙、应龙、虬龙、螭龙、蟠龙、烛龙等。不同种类的龙的模样也有一些差别。根据古书记载，有鳞的龙是蛟龙；有翅膀的龙是应龙；有角的龙是虬龙；没有角的龙是螭龙；龙还没有升天时被称为蟠龙，它身长四丈，青黑色，常随河流顺流而下,进入大海中;烛龙是钟山的神灵,睁开眼睛的时候人间是白天,闭上眼睛时人间就是黑夜,身体长达千里。根据颜色的不同,龙还可以分为苍龙、黄龙、黑龙、白龙、赤龙、紫龙、金龙等。根据性格,龙又可以分为善龙和恶龙。

据说凡是有水的地方,不论是江河湖海,还是池井潭渊,都有各自的龙王。《西游记》中就提到了东海龙王敖广、南海龙王敖钦、西海龙王敖闰、北海龙王敖顺这四海的龙王。他们不仅管理着自己所在的水域,还负责人间的降雨。

传说龙生九子,却都没有成龙,但它们各有特点。根据各自的特长,人类给它们安排了不同的工作岗位。据说长子名叫赑屃(bìxì),喜欢负重,所以让它驮石碑,古代石碑下形似石龟的动物,就是它;次子是鸱吻,喜欢东张西望,因此上了高高的房顶,在我国很多古建筑上,可以看到殿堂脊头有龙首吞脊的装饰物,就是鸱吻,从建筑学的角度讲,它实际上起了加固的作用;三子叫蒲牢,形状像龙,但是个头很小,喜欢鸣叫,所以与钟为邻,做了钟钮;四子狴犴(bì'àn),形状像老虎,有威力,所以常用作监狱牢门上的兽头,以显示法律的威严;五子叫饕餮(tāo tiè),喜欢吃,因而站立在鼎盖上;六子叫蚣蝮,喜欢水,所以桥涵或建筑物的滴水结构上常有它的造型;七子叫睚眦,相貌凶狠,好勇善斗,刀剑兵器上的吞口就是它的形象;八子叫狻猊(suān ní),形状像狮子,因为喜好烟火,所以常用作香炉上的装饰;九子叫椒图,形状像螺蚌,最反感别人进入它的巢穴,一副威严相，因而大门上常有它的形象，用来辟邪镇宅。

龙在中国文化中的地位

龙在中国文化中的地位非同凡响，它既是我们的民族图腾，又是皇权的象征，还是司雨之神。

现代学者闻一多先生关于龙的来历提出"图腾说"，他认为龙形象是在氏族兼并的过程中，由许多氏族图腾动物合并而成的。尽管这种想法遭到一些人的质疑，但是，龙是中华民族的图腾，这一点却是不容置疑的。

几千年来，龙一直伴随着中华民族的成长。直到今天，炎黄子孙仍把龙看作民族之魂，把自己看作龙的传人。节日庆典、民俗灯会、银幕荧屏、工艺画廊、繁华都市、边远乡镇……到处都能见到龙图龙徽。能够见到华人的地方，就能找到龙的身影。

中国人有许多与龙有关的习俗，例如祭龙祈雨的习俗，农历二月初二俗称"龙抬头"的日子、端午时节赛龙舟、新春佳节舞龙等。此外，还有像《鲤鱼跳龙门》这些与龙有关的故事。

龙还是皇权的象征。根据神话传说，原始社会的著名首领都与龙有着或多或少的关系。华夏族的祖先黄帝曾令应龙攻打蚩尤。尧是母亲与赤龙相交受孕所生。禹在治水时也得到过龙的帮助。《史记》中将秦始皇称为"祖龙"，但是龙与王权真正建立起密切关系，却是从汉朝开始的。为了证明自己统治的合法性，汉高祖刘邦编造了自己是龙子的神话。自刘邦以后，历代皇帝都自命"真龙天子"。

蛇

让人亦忧亦喜的动物

蛇的形象并不讨人喜欢,许多人一看到甚至一想起它,就会浑身起鸡皮疙瘩。尽管毒蛇在整个蛇家族中所占的比例不大,曾被毒蛇咬伤的人微乎其微,但从古到今,人类从未摆脱过蛇的侵扰。蛇这种动物,给人类投下了深深的心理阴影,"一朝被蛇咬,十年怕井绳"的俗语也就这样一代一代地传了下来。

人对蛇的厌恶，不仅出于蛇侵扰人的实际表现，有时候也出于人类对蛇的偏见。对于自然界赋予蛇的一些习性，人类常主观地把它们跟阴暗的人性相比，从而认为蛇也具有阴暗的性格。比如，在人的印象当中，蛇是贪婪的，因为蛇不仅捕食比自己个头小或者个头相当的动物，而且捕食比自己大得多的动物。此外，它进食的方式也比较特别，不是一口一口地循序渐进，而是不管多大的动物，一律张开血盆大口，一下把它整个吞下去，再在腹中慢慢消化。

另外，在人的印象中，蛇又是狡猾的。《圣经》中讲，蛇是上帝耶和华所造的万物之中最狡猾的一种。人类的祖先亚当、夏娃本来在伊甸园中过着无忧无虑的生活，是蛇诱使他们偷吃了禁果——智慧果，于是亚当和夏娃知道了羞耻，就拿树叶遮羞。上帝发现后，将亚当和夏娃赶出了伊甸园，从此人类有了"原罪"，而蛇也受到了惩罚，从此只能用肚子行走，终身吃土，并与人类为仇。

人们还认为蛇是一种冷血的、忘恩负义的动物。《伊索寓言》中《农夫和蛇》的故事深入人心。它讲的是在一个严寒的冬天，一位心地善良的农夫在路上看到一条冻僵了的蛇。农夫可怜蛇，就把它放入怀中。蛇渐渐苏醒过来，可它不但不知恩图报，反而咬了农夫一口。农夫临死前说："我可怜这忘恩负义的东西，却得到这样的报应。"

说了前面那些，读者可能以为蛇一无是处了吧？其实，这种看法是片面的。

蛇能给人提供审美价值。"舞蛇"在南亚已经有上千年的历史了。时至今日，在南亚的一些国家，如印度和巴基斯坦，我们仍能见到舞蛇表演。舞蛇者把有剧毒的毒蛇缠绕在自己身上，蛇伴随着笛子发出的乐声翩翩起舞。从表面看，好像蛇能听懂音乐，而事实上，蛇是听力障碍者。所谓蛇"闻乐起舞"，实际是耍蛇人一边演奏笛箫，一边用笛箫下端吹出的气流刺激蛇。蛇在气流的搔痒下扭动起来，就给了人"金蛇狂舞"的感觉。

中国人的崇蛇风俗

古时候，人们给东、西、南、北四个方向都安排了方位神，它们分别是以下四种动物：东青龙，西白虎，南朱雀，北玄武。"龙"和"虎"这两种动物大家都知道，不再解释，朱雀是一种鸟，玄武是蛇与龟组成的一种有灵性的神物。用方位神的名字来给建筑命名，又清楚，又好记，所以古人常采用这个办法。中国最著名的皇家建筑——紫禁城，它每个方向的大门都被冠上了方位神的名字，北门就被称为"玄武门"。此外，南京有一个玄武湖，长江江边有龟山、蛇山，这些命名都出自玄武的典故。

从古到今，民间认为家中有蛇是吉利的，绝对不可打杀。送蛇习俗流行于青海地区，当地人认为若杀死蛇或蛇没有被打死，蛇就会采取报复行动，对自己家不利。所以，如果在家中发现蛇，就把它捉到罐子里，或者挑在长杆上，然后送到山谷中，并求它躲进山洞，别再回到家里。在福建闽南一带，如果蛇进了谁家，人们认为它是祖先派来巡视平安的，不准打杀。有些地方说家蛇能够将富人家的米运到穷人家，这种米称为"蛇富米"或"蛇盘米"。还有的人相信家蛇守在米囤边，米囤内的米就会自动满出来而取之不尽。

美女蛇的故事

中国有不少关于美女蛇的故事，其中最著名的莫过于《白蛇传》了，故事的女主角是白蛇变成的女子。无论是京剧、地方戏还是现代电视剧版的《白蛇传》，都深受人们喜欢，原因在于剧中的白娘子简直就是完美的化身，她温柔多情，端庄典雅，又拥有法力，侠肝义胆。戏中的婢女小青也是由青蛇化成的，她虽不如白娘子善解人意，但却多了几分直爽可爱。故事的大概情节是这样：宋朝时以卖药行医为生的许仙，在杭州西湖与白娘子和她的婢女小青相遇。许仙与白娘子两人相爱，结为夫妻。后来,许仙遇到镇江金山寺的和尚法海,法海告诉他白娘子是蛇妖。在法海的离间下,许仙对白娘子产生了怀疑,最终白娘子被法海拿住,关在西湖雷峰塔下。在戏曲作品中,白娘子的一片深情在"盗仙草"和"水漫金山"两场戏中表现得淋漓尽致。前面一场戏讲的是白蛇为救许仙性命不顾危险去盗仙草,后面一场讲的是白娘子为讨回被法海扣留的许仙施展法力,水漫金山寺。在这部戏中,即便许仙犹豫动摇,白娘子仍一往情深,怪不得她的形象会如此深入人心。

马

沧海桑田话骏马

我国养马的历史非常悠久。山东龙山文化遗址中发现有马的骸骨，这证明在四五千年前，马跟我们的祖先关系就比较密切了。早在商朝，国家已经开始设立马政，那是世界上最早的马政雏形。周朝将马分为六类，即种马、戎马（军用）、齐马（仪仗用）、道马（驿用）、田马（狩猎用）、驽马（杂役用）。秦汉时，中国已经建立了比较完整的马政机构,大规模经营马场。汉朝在西北边区养马三十万匹。而到了唐初,西北养马七十余万匹,体现了国力的强盛。

古人还喜欢用"马"来造字和组词。有人做过统计,至今,大型文字工具书《辞源》以"马"为偏旁部首的字有151个,而由"马"而生发的许多成语和俗语还频繁出现在人们的口头上和文章中,如老马识途、老骥伏枥等。

尽管作为交通运输工具的马数量不少,而且劳苦功高,但是最光荣、最受人器重的马却是战马。在枪炮等火器发明之前,马组成的车骑部队一直是最具威慑力的军事力量。古语说"旗开得胜,马到成功""马上得天下",强调的都是马在古代战争中的重要作用。有关马的成语也多与战争有关,比如招兵买马、千军万马、汗马功劳、兵荒马乱、人仰马翻等。

正所谓"宝马配英雄",中国古代骁勇善战的英雄一般都有宝马相伴,比如吕布有"赤兔",张飞有"玉追",刘备有"的卢"……因为宝马陪伴英雄出生入死,正如英雄最亲密的朋友,所以英雄也往往爱马如命。西楚霸王项羽在兵败之后,无颜面对江东父老,在自杀之前,他舍不得杀掉自己的爱马,专门为它安排了出路,将它托付给了别人。传说关公的赤兔马非常娇贵,决不吃隔夜草,所以关公经常亲自给它打草吃。赤兔马也很有情义,在关公被人杀害之后,它不吃不喝,直至死去。

伯乐相马

出类拔萃的马被称为"千里马"。千里马是很少见的,并且即便有千里马在身边,人们也不一定能发现，因为识别千里马需要非凡的眼光，要看到马的潜质，而不能仅看它当时的外貌或者一时的表现。因而古时候，早就有相马人这个职业，是专门负责挑选千里马的。春秋时期的孙阳，因为相马的本领高超，人们就认为他是天上主管天马的伯乐星下凡，因而称他为"伯乐"。伯乐相马的故事，至今为人津津乐道。

据说伯乐曾受楚王的委托，帮他购买日行千里的好马。他跑遍了好几个国家，都没有找到中意的马。有一天，他在路上看见一匹马拉着沉重的盐车，正在爬坡上太行山。它浑身多处伤病溃烂，汗流浃背，行动迟缓，甚至连陡坡都爬不上去。伯乐不由得走到跟前来看，这匹马突然昂头嘶鸣，似乎在倾诉什么。伯乐通过声音，辨别出这是一匹千里马。看到它如此狼狈不堪，不禁抱着马头痛哭，并且把自己的衣服脱下来，给千里马披上。于是千里马仰天长啸，激动不已，因为它终于遇到了知己。伯乐给驾车的人重金，把这匹马买了下来。来到楚国，伯乐把千里马牵到王宫，请楚王查看。楚王一看伯乐牵来的马瘦得不成样子，不高兴地说："这匹马看起来走路都困难，能上战场吗？"伯乐却担保这的确是匹千里马，只要精心饲养，很快就能恢复体力。楚王虽然怀疑，但是仍然命令马夫好好饲养这匹马。果然，一段时间之后，马变得非常精壮。楚王乘坐上它，只觉得耳边生风，眨眼间就跑到百里之外。后来这匹千里马为楚王立下了不少功劳。

妙趣横生的赛马运动

有了千里马，人们就产生了相互比试的想

法。赛马运动出现的时间非常早,两千多年前的岩画就有描绘两人骑马比赛的场面。

早在战国时期,赛马就是人们所热爱的一项运动。战国时期的军事家孙膑还运用策略,帮助齐国的田忌将军赢过一场赛马比赛,这就是著名的"田忌赛马"的故事。

战国时期,齐国大将田忌喜欢赛马。有一天,他跟齐威王比赛,他们将马分成上、中、下三等,上等马与上等马比,中等马与中等马比,下等马与下等马比。这样比了几场,田忌都输了,他很沮丧。孙膑看到这个局面,对田忌说:"我有办法,不用换马也能够让你赢。"于是田忌按照孙膑的计策行事,第一局,他先用自己的下等马跟齐威王的上等马比,结果输了;第二局,他拿上等马对齐威王的中等马,赢了;第三局,他用中等马跟齐威王的下等马比，他又赢了，最后田忌以三局两胜的结果赢了齐威王。

直到今天，对于内蒙古地区的蒙古族牧民来说，马仍是重要的交通工具。牧民常常骑马在草原上奔驰，自然练就了高超的骑马技术。

艺术长廊中的名马

马儿潇洒的神态、健硕的体格、优雅的动作，都吸引着历代艺术家将它作为素材，制成精美的艺术品。

论宏伟气势，当然要数秦始皇墓中的战马俑了。它们是陶制的，分车马和乘马两种。马的个头大小与真马相仿。它们造型准确，比例和谐，形态逼真，而看神态，仿佛立刻要奔赴战场，因而这些艺术品可以说是形神兼备。

论构思奇妙,要属汉朝的铜奔马,又称"马踏飞燕",1969年出土于甘肃武威雷台汉墓,在海内外都享有很高的知名度。"马踏飞燕"的名称是根据它的造型得来的:铜奔马昂首嘶鸣,长尾飘舞,三足腾空,右后足踏在一只飞鸟身上,鸟惊恐回望,说明马的速度让鸟儿都反应不过来。这匹铜奔马,还被定为中国旅游标志。

论色彩绚丽,要属唐朝的三彩马了。唐三彩是一种低温釉陶器。它颜色鲜亮,特别引人注目,虽叫"三彩",却不止有三种颜色。唐三彩中最著名的是三彩马和三彩人物。三彩马不仅颜色鲜艳,而且造型美观、大方,深受人们喜爱。流传至今的三彩马,都价值不菲。

羊

羊的驯养

人与羊打交道的历史已经相当久远了。在距今一万多年前的原始岩画中，就有原始人追捕野生羊群的图案，反映了当时人们真实的狩猎场景。后来，随着人类狩猎能力的提高，捕来的羊渐渐有了剩余，人们就将它们圈养起来，等食物缺乏时再食用。就这样，野生羊渐渐被驯养成家畜。羊是除狗之外，人类最早驯养的动物。

中国是世界上较早驯养羊的国家之一,据考证,中国的养羊历史可以追溯到八千年前。宁夏中卫市钻洞子沟有一人牧三羊的岩画,表现了原始先民驯养羊的场景。

羊为德畜

所谓"德畜",就是指有道德的牲畜。古人在饲养过程中,发现羊的一些习性类似于人中君子的作风。古人总结出的羊身上的美好品德主要有四种:善群,好仁,死义,知礼。

善群,是说羊爱群居。无论是在舍饲还是放养状态下,羊都喜欢聚成一群,并且由一只年龄大、后代多、身强力壮的羊担任头羊。大家在头羊的带领下,一起活动,和平共处。人与羊一样是群居动物,然而人群往往不能像羊群这般和谐,总有些大大小小的人际矛盾存在。对比之下,羊善群的品质就显得难能可贵,所以古人提倡人要向羊学习。用今天的话来说,羊这种动物,很有团队精神。

好仁,是说羊很善良。山羊头上有角,但是并不好斗,一般不用头上的角,所以古人认为羊很善良。

死义,是说羊在被宰杀的时候非常安静,而不像其他动物那般号叫、挣扎,这与英雄视死如归的精神很相似,因而得到古人的赞赏。

知礼,是说羊懂礼貌,知恩图报。羊羔在吃奶时,总是采用前腿下跪的姿势。在中国文化中,跪这个动作表示尊重和感恩,因而人也这样来解释羊的行为,认为它由于尊敬母亲而下跪。

羊示吉祥

在中国传统文化中,羊是吉祥如意的象征。古时候,"羊"和"祥"这两个字通用,古器物铭文上,"吉祥"大都写作"吉羊"。2008年北京夏季奥运会的吉祥物中也有一只机敏灵活、驰骋如飞的藏羚羊,它就是可爱的"迎迎"。羊是吉祥物的观念不只中国人有,古代罗马人也有。他们认为如果当天第一眼见到的动物是羊,则象征着爱和幸福。

羊的吉祥含义还有一层,那就是"羊"与"阳"谐音,所以有时候羊能象征"阳"。在中国古代,"羊"和"阳"这两个字还能通用呢。农历羊年来临的时候,人们常说一个成语——"三阳开泰",它的原意是大地回春,万象更新，后来成为祝福一切好运的吉祥语。因为"羊"能代表"阳"，所以民间艺术作品中常常以三只羊仰望太阳来表达"三阳开泰"的美好寓意。

羊是衣食之源

羊肉的鲜美，恐怕没有人会否认。根据古书的解释，"鲜"和"美"这两个字的来历就跟羊肉的味道有关："鲜"字是"鱼""羊"并列，古人认为鱼肉和羊肉放在一起烹饪，味道最鲜；"美"字是由"羊"和"大"两个字组成，古人认为个头大的羊味道最美。除"鲜"与"美"之外，还有许多与饮食文化相关的汉字带有"羊"字，如"馐""膳""羹"等，可见羊肉作为美食在古人心目中的地位。羊肉不仅好吃，而且对身体健康有益。中医认为，羊肉甘温，是温补、强身、壮体的肉类上品。

今天，中国人饭桌上最常见的肉类食品是猪肉，但在古代，却是羊肉。古人说"羊在六畜主给膳"，也就是说六畜当中主要以羊为肉食来源。根据记载，宋神宗熙宁十年（公元1077年），为皇上做饭的御膳房共用羊肉十多万千克，而猪肉却只用了两千多千克。

羊还是御寒衣物的来源：羊皮可以制皮袍，羊毛可以织成毛衣。根据考古资料，早在三千八百多年前的青铜器时代，人们就已经将羊皮、羊毛用于服装制作了，而真正的羊皮衣物出现在距今两千至三千年间。到今天，羊皮、羊毛、羊绒制品仍然受到人们的青睐。

猴

有趣的猴字猴句

先来说说猴的名字是怎样得来的。古人说，"猴，候也。""候"的意思是"伺望，观察"，猿猴生性聪明警觉，善于识别猎手的诱饵，发现食物并不轻易去取，观望探察很久，感到确实没有埋伏才行动。

关于猴的成语、俗语有许多。成语如"心猿意马"形容心思不定；"教猱（náo）升木"比喻教坏人做坏事,"猱"是指猴子;"树倒猢狲散"比喻为首的人一倒台,那些依附他的人立即解散等。俗语如"杀鸡给猴看""山中无老虎,猴子称大王"等。歇后语如"猴子捞月——空欢喜""猴子偷桃——毛手毛脚"等。

诗句中提及"猿""猴"的诗篇数不胜数,如李白的"两岸猿声啼不住,轻舟已过万重山"我们都非常熟悉。专门以"猿猴"为题而写的诗也有不少,诗人大多借猿鸣来抒发忧愁的情怀,如唐朝诗人杜牧的《猿》:

月白烟青水暗流,孤猿衔恨叫中秋。

三声欲断疑肠断,饶是少年今白头。

聪明伶俐的猴

我们大多数人关于猴子聪明的认识,大概

是在小时候听故事的过程中形成的吧。下面这则故事你听过吗？

有一只猴子，常去湖边饮水，就和水中的鳄鱼结识并成了朋友，常常在一起玩。

一天，它们在玩耍的时候，鳄鱼邀请猴子到它家去玩。猴子怕水，不敢去。鳄鱼说："你趴在我背上，闭紧眼睛，我驮你去。"于是猴子接受了鳄鱼的邀请。

猴子在鳄鱼家玩了几天。鳄鱼听说猴子的心能治百病，就想杀死猴子，于是它对猴子说："我的朋友，我母亲得了重病，医生说要吃猴子的心，病才能好，你说我该怎么办？"猴子听了，故作惊讶地说："唉，你跟我交了那么长时间的朋友，难道不知道我们猴子的心是挂在树上的吗？你跟我一起回趟岸上吧，拿了我的心给你母亲治病。"

鳄鱼于是驮猴子回到了岸边。猴子回到岸边树上,对鳄鱼说:"朋友,你把嘴张开,我把心抛下去。"鳄鱼听了之后,张开大嘴等候。猴子就将自己的粪便丢到鳄鱼嘴里,然后笑着说:"鳄鱼,你不应该跟我们猴子耍心眼儿啊!"

猴是聪明的,但是它终究聪明不过人啊,从《朝三暮四》这个故事就能看出来。

古时候,有个人养了一群猴子,他跟猴子们商量发放食物的办法,说:"朝三而暮四。"意思是我早晨给你们发三颗橡子,晚上发四颗,可以吗?那些猴子很不满意。于是养猴人改口说:"那早晨四颗,晚上三颗,这样总可以了吧?"猴子们听了,都很高兴。

养猴人并没有给猴子增加食物的数量,只不过是变换了一下发放食物的方式,但是猴子却被捉弄了。后来"朝三暮四"成为一个成语，用来讽刺常常变卦、反复无常的人。

多彩猴艺术

猴出现在人类生活中的历史非常悠久。早在新石器时代，先民就已经开始制作和佩戴猴图案的饰物了。辽宁后洼新石器时代遗址曾出土一件两面雕艺术品，正面是猴像，背面是人像，因为从底至顶有一个贯穿的孔，所以被认为是佩饰。

因为猴形象惹人喜爱，所以历朝历代的猴艺术品数不胜数。山东曲阜曾出土战国时期的猿形银带钩；甘肃武威曾出土东汉木雕猴；在汉朝，陶制玩具猴也已在民间出现；在唐三彩中，小型"母子猴"是它的造型之一；宋朝禹州青釉瓷猴特别有名。

今天，剪纸和年画图案中常见各式各样的猴图案。猴有"封侯"的美好寓意，所以，当猴和马同时在剪纸或年画中出现时，寓意是"马上封侯"；一只猴爬在枫树上挂印，其寓意是"封侯挂印"；一只猴子骑在另一只猴子的背（"背"与"辈"谐音）上，表示"辈辈封侯"。图案"猴桃瑞寿"象征长寿；一只猴子屈蹲在桃树上，猴子两只手臂弯伸在耳朵两侧，宛似一对蝙蝠的形状（"蝠"与"福"同音），寓意是"福寿双全"。另外，猴子捞月等也是民间艺术家喜欢的图案。清朝武强年画《杠箱官》中表现了穿着清朝官服的猴子鸣锣开道、招摇过市的丑态，讽喻时政，令人忍俊不禁。

民间的玩具猴数不胜数，它们材质不同，

造型各异，玩法多样，有塑料猴、泥猴、瓷猴、面猴、糖猴、毛猴、布猴、木猴；有爬杆猴、耍刀猴、站猴、坐猴、卧猴、蹲猴、扮鬼脸的猴；有面具猴、皮影猴、风筝猴等。

猴子的生动形象不仅体现在艺术品、玩具中，早年间走街串巷的猴戏也给老百姓留下了深刻的形象。过去，在街头巷尾能见到民间艺人耍猴。他们一般两人结伴，一人牵羊或狗，一人背个小木箱，上面蹲坐着一只穿红布褂的猴子。他们边走边敲锣招揽看客，找一块街头闲地，钉上一个大木橛子，便开始表演了。猴子能够翻跟头、拿大顶、扮鬼脸、穿衣服、爬杆、向人行礼等。今天，这种场面已经很少见了，只有在马戏团或者杂技团巡回演出时，我们才能再睹猴戏的风采。

传世的画猴作品中，最有名的要数藏于上

海博物馆的宋朝的《猿鹭图》，画面内容是一只白鹭站在苍劲的松树上，一只猿猴向它的方向举起手臂，白鹭振翅鸣叫欲飞，整个场面被描绘得非常生动。

鸡

鸡是神鸟

在古人心目中，太阳与鸟儿有着密切的关系。他们或者认为太阳当中有鸟，或者以为有鸟儿用翅膀驮着太阳飞翔，太阳才能够在空中运行，这些观念可以从出土的古代文物上的图案中看出来。距今六七千年的浙江余姚河姆渡遗址曾出土象牙雕，图案为双鸟朝阳。在陕西仰韶文化遗址出土的一片彩陶片上，有飞鸟负日的图案。

曾有两种禽类被认为是载日、居日的太阳神鸟，它们是乌鸦和雄鸡。汉朝画像石上就刻有这样的图案：一只三足乌鸦站立在太阳当中。而宋朝时候有文人留下了"旧说日中有鸡，月中有兔"的话语。有人说因为太阳中有黑斑，古人才产生了其中有乌鸦的联想，那么雄鸡之所以能够成为太阳神鸟，大概除了由于它是禽类的代表，还因为它有啼晨报晓的功能吧。

古代传说中还有一种"天鸡"，李白曾在他著名的诗作《梦游天姥吟留别》中提到它："半壁见海日，空中闻天鸡。"关于"天鸡"的传说主要有两个版本。

传说一：东南方向有一座桃都山，山上有棵名叫"桃都"的大树。这棵树长得高大粗壮，枝叶能够伸展到三千里之外，天鸡就在这棵大树上栖息。太阳刚刚升起的时候，阳光照到这棵树上，于是天鸡打鸣报晓，天下的凡鸡都应声而啼，把太阳升起的消息传遍四面八方。

传说二：在扶桑山上，有一只玉鸡、一只金鸡、一只石鸡，玉鸡叫则金鸡叫，金鸡叫则石鸡叫，石鸡叫则天下的鸡就都随之而叫了。这只玉鸡就是"天鸡"。

国人常说"龙凤呈祥"，在中华民族的吉祥符号和文化象征中，凤凰的地位仅次于龙。龙是虚拟的动物，凤凰也一样，是中国古人将多种鸟禽和其他动物的特点集合而产生的神物。凤凰被认为是鸟类之王。广为流传的唢呐独奏乐曲《百鸟朝凤》，以热情欢快的旋律及百鸟和鸣之声，表现了生机勃勃的大自然景象。

鸡与凤凰有着密切的关系,它是凤凰形象比较重要的取材对象之一。中国有些俗语也提到了鸡和凤凰的关系,比如"鸡窝里飞出金凤凰""凤凰落架不如鸡"等,似乎可以这样理解:出类拔萃的鸡能够神化,成为凤凰;凤凰也可以降格变成鸡。

今天,在饮食行当里,人们早就把"凤"和"鸡"混为一谈了。在中华传统菜肴中,大凡以"凤凰"为名的,一般都是鸡,如鸡爪被称为"凤爪",鸡翅被称为"凤翅",鸡腿被称为"凤腿"等。

鸡有五德

古人认为鸡有五种美好的品德,因此鸡还

有一个美誉——"德禽"。那么这五德是什么呢？它头上有冠，是文德；足后有距能斗，是武德；敌前敢拼，是勇德；有食物招呼同类，是仁德；守夜不失时，天明报晓，是信德。

称雄鸡有武德，也就是说它勇猛善斗。雄鸡好斗的性格早就为人们所发现，于是，人们有意培养善斗的公鸡，使它们相互搏斗来供人观赏。古今中外，都有斗鸡之戏。中国的斗鸡活动源远流长，在一些历史时期，甚至成为从达官贵人到平民百姓都疯狂喜爱的潮流活动。据说早在夏朝时，斗鸡活动就已经出现了。而在春秋战国时期，斗鸡活动已经很普遍。汉朝石刻和画像砖上常见形象逼真的斗鸡图。三国时期的魏明帝喜欢斗鸡，并筑有斗鸡台。唐朝时的风流天子唐玄宗更是斗鸡的狂热爱好者，他在宫中专门建造了鸡坊，饲养优良品种的鸡千余只,并专门选人驯养这些鸡。当时有个叫贾昌的少年因为驯鸡有方,深得唐玄宗的恩宠。

辟邪纳福的鸡

古人以为世界上有鬼,而把鸡当作驱鬼辟邪之物。早在先秦时期,就有用鸡和鸡血驱邪的活动。按照老百姓的说法,鬼只能在黑夜里活动,而鸡啼叫代表天快亮了,天一亮,一切鬼怪便无计可施了。中国古时候还有正月初一在大门上贴鸡画的习俗,人们认为这样可以阻止鬼怪进入家中。鸡吃虫,因而人们认为鸡能避毒虫。在《西游记》中,有昴(mǎo)日星官变成一只双冠子大公鸡降伏蝎子精的情节。

"鸡"与"吉"谐音,从古至今,鸡被认为是吉祥之物。在婚俗和育儿习俗当中,鸡的这一象征意义运用最多。

由于鸡象征"吉",鸡头上有冠,"冠"与"官"音同,所以民间艺术作品甚至画家的画作常以鸡为图案,以取其美好寓意。画一只鸡站在大石头上,寓意是"室中大吉"。鸡旁画一棵橘子树,寓意是吉上加吉("橘"与"吉"音相似)。将雄鸡与鸡冠花画在一起,便是一幅"官上加官图",以祝升迁、腾达。画一只雄鸡与五只鸡雏相戏于窠,以"窠"谐"科",谓之"五子登科",暗喻科举考试中金榜题名。

无鸡不成宴

中国有句老话说"无鸡不成宴"。每临年节喜庆之期,鸡总是宴请宾朋的美味佳肴中的上乘好菜。关于宴会上如何分配鸡肉，还有这样的说法："鸡头七味敬长辈，鸡翅腾飞人人爱，鸡爪扒钱贤人用，老幼皆宜鸡腿美。"

我国古代，鸡在饮食文化中也占有重要地位。根据《左传》记载，一个人官位到卿大夫时，伙食标准就可以达到每天吃两只鸡。但是古时候的老百姓就不像我们今天这样幸运了，吃鸡对他们来说是奢侈的事情。如果有客人到家里来，能享受到主人杀鸡招待，那就算是盛情款待了，不然唐朝诗人孟浩然也不会专门在他的名篇《过故人庄》中提到"故人具鸡黍，邀我至田家"了。

狗

人类最可靠的帮手

与多数动物相比,狗是聪明的,它的智力可以达到儿童的水平。狗的嗅觉和听觉都很敏锐,再加上它有勇敢、忠诚的性格,所以无论过去还是现在,无论对于农耕、狩猎还是游牧民族,它都是人类最亲密、可靠的帮手。

人类对狗的感情,有信任,有崇拜,更有宠爱,狗是人类最喜欢的宠物之一。如果说工作犬给人们的生活带来了实际帮助,那么宠物狗则抚慰了人类的心灵。

中国的古人也养宠物狗。先秦时期,人们就以名犬为宠物互相观赏和馈赠,有时还作为贡品进贡。獒就是先秦时期的一种名犬,它是源自我国西部地区的大型犬类,今天西藏的藏獒是它的遗族。古时候人们还喜欢短狗和短尾狗,也就是现在所说的哈巴狗,后来被传入日本、欧洲,成为贵族的宠物。

人与狗的动人故事

中国古时候流传这样一个故事。三国时期,襄阳有个叫李信纯的人,家里养了一只名叫黑龙的狗。有一天,李信纯在城外喝酒喝醉了,还没等走到家,就倒在草丛中睡着了。这时候正赶上太守烧荒围猎。狗见大火烧起来了，就用嘴拽主人，但主人不醒。在三五十步以外有一条小溪，狗就到溪水中打湿身体，再回到主人身边，把他身边的草打湿，这样火就不会烧过来。这样往返了多次，李信纯才幸免于难，没被烧死，而他的狗却被累死了。李信纯醒来以后，看到浑身湿淋淋的狗已经死去，又惊讶地看到周围的草都有火烧过的痕迹，才知道是狗救了自己。李信纯感动得大哭。太守听说了这件事，也很感动，就下令厚葬了这只狗，为了纪念，还专门为它立了一座碑。

蒲松龄先生在《聊斋志异》中也讲过一则关于义犬的故事。有个商人到芜湖做生意，赚了一大笔钱。他租了一条船，准备回家。正要出发的时候，他看到岸上有个屠夫捆着一只狗正要屠杀，便出高价把狗买了下来，并养在船上。

这条船的船主是个大盗,他看到商人很有钱,就把船划到芦苇丛中,准备杀人劫财。商人哀求大盗让他能留个全尸,于是大盗就用毯子把商人裹上捆住,投入江中。狗看到之后,也随着跳入江中,用嘴叼着毯子,在水中一沉一浮。不知道漂了多远,他们在一个浅滩的地方停下了。上岸以后,狗来到有人家的地方,汪汪哀叫。有人感到奇怪,跟着狗来到浅滩,看到了毯子中间裹着人,就把商人救了出来。

后来,商人搭船去芜湖寻找大盗。他找了三四天,都没有找到大盗的船。后来那条狗出现了,它对着商人叫个不停。商人叫它,它却跑开了,商人跟着狗上了一条船。狗咬住了一个人的腿,死活不松口。商人仔细一看,狗咬的正是害自己的大盗，就把大盗抓住，搜出了被抢的钱财。

蒲松龄感慨地说："唉，一条狗都这样懂得报恩！世上那些没有心肝的人，面对这条狗都应该惭愧啊！"

如果说上面两个故事可能是虚构的，那么下面的事迹却是绝对真实的。

清朝爱国将领邓世昌是中日甲午战争中的名将。在战争中，他带领"致远"号军舰的官兵英勇抗击日寇。因为寡不敌众，"致远"号军舰最终被击沉，邓世昌跳入海中，打算自杀殉国。而他的狗却拽住他的衣领不放，想救主人上岸。但邓世昌心意已决，不断摆脱狗的救助。狗见主人如此坚定，就陪主人一起沉入海底了。

天狗吃日月

现代人都知道，日食和月食是自然现象。当太阳、月亮和地球的位置刚好运行到一条直线时，月亮会遮住阳光，于是发生了日食；当地球运行到月亮和太阳中间时，地球的影子会遮住月亮，于是发生了月食。可是，过去人们并不明白这个道理，当发生日食或月食时，他们看到天上的太阳或月亮明亮的部分逐渐变小，黑暗的面积逐渐变大，还以为是有什么动物在吃日吃月。开始，人们认为吃月亮的是蟾蜍。随着时间的推移，大家逐渐趋向于认为吃日吃月的动物是天狗了。根据老百姓的这种说法，郭沫若先生还创作过一首题目叫《天狗》的诗："我是一条天狗呀！我把月来吞了，我把日来吞了，我把一切的星球来吞了，我把全宇宙来吞了。我便是我了！"

太阳和月亮给人间带来温暖和光明，在人类心目中的重要性不言而喻。所以，当日食、月食发生时，人们就会想各种办法来帮助太阳和月亮摆脱天狗。浙江宁波有谚语说"天狗吃月亮，地下放炮仗"，而湖南怀化有"破锣破鼓好救月"的说法。人们相信通过放炮仗、敲锣鼓等方式弄出来的响声，会吓到天狗，这样它就会把太阳和月亮吐出来。少数民族中也流行类似的风俗，如蒙古族看到日食、月食，就会向着天空大声呼喊或者敲打铁器，来赶走天狗。

猪

猪的天性

一说到猪,很多人会皱起眉头,马上联想起它的许多缺点,比如懒、馋、笨……如果你现在还持这样的观念,那可有点儿落伍哦。不知从什么时候起,猪的一些优点也渐渐被人发现,猪开始赢得人们的欣赏和认可。它们憨态可掬,天真善良,无忧无虑,善于享受生活,从无减肥之苦,有些人还会亲昵地称恋人或朋友为"猪头"。猪的动画片、小饰品等深受年轻人喜爱，有的人甚至把小猪当成宠物养。

动物学家们的研究表明，猪并不傻，它的智商仅次于灵长目和海豚。人们一般都认为狗是一种聪明的动物，然而狗在某些方面的学习能力还远远比不上猪呢。科学家对猪进行过一连串包括跳舞、挑水、拉车、开门等"技能"的测试，发现猪只要看一次人的示范动作就能学会，狗要重复近十次才会。

猪的嗅觉也很敏锐。小猪在出生几小时后就能辨别气味，母猪能用嗅觉辨别自己生下的小猪，排斥其他小猪。

猪的故事

要说猪的故事，不能不提猪八戒，他可是

猪家族中最红的明星。

猪八戒因《西游记》而扬名。他原本是天庭中统领十万天河水兵的天蓬元帅，因醉酒后在蟠桃会上调戏月宫仙子嫦娥，被贬下凡，却投错胎变成肥猪模样，后来经观音菩萨指点，拜唐僧为师，一同赴西天取经。唐僧为猪八戒取名为"八戒"，原是希望他戒除一切不符合佛教规矩的坏毛病，然而八戒却将好吃、懒做、嫉妒、抢功、耍滑头、好色等缺点集于一身，成了《西游记》中最惹人发笑的角色。不过，我们也都知道，八戒虽然缺点很多，但是本性不坏，也有许多优点，还是蛮可爱的。他知错能改，并且往往在关键时刻助孙悟空一臂之力。

这里还有一个《杀猪教子》的故事。春秋时期，圣人孔子有一个徒弟名叫曾子。曾子注重道德修养，非常诚实。有一天，曾子的妻子要上街买菜，小儿子抱住妈妈的腿又哭又闹，非要跟着去。曾子的妻子怕带孩子上街不方便，就变着法儿哄他，对他说："听话，不要去了，等我回来后杀猪给你吃。"她回来后，曾子马上捉猪要杀，妻子阻止说："我只是跟儿子说着玩罢了，你何必当真呢？"曾子严肃地说："你怎么能欺骗孩子呢？小孩子什么也不懂，只会学着父母的样子。现在你欺骗孩子，就是在教孩子去欺骗别人。做母亲的欺骗自己儿子，做儿子的不相信自己母亲，这样还有家教吗？"曾子说完，把猪杀掉，炖了猪肉给孩子吃，履行了妻子的诺言。这个故事告诉人们：凡事要言而有信，言行一致，教育子女为人诚信，家长必须以身作则。

美食与禁忌

从上面的故事可以看到，古时候猪肉就已经是人们重要的肉食来源。在整个动物王国中，猪是把碳水化合物转化为脂肪效率最高的动物之一。所以，人类选择猪作为最主要的肉食来源，这是非常明智的。

对于中国人来说，猪肉成为家常便饭也不过是近些年的事情。过去，物质条件不足，人们只有在一些特殊的日子里才能吃点儿猪肉打打牙祭。对于中国人来说，最隆重也是最有资格杀猪吃肉的节日自然是春节了。所以，过去在农村，每逢春节，屠户就忙碌了起来，杀猪之声不绝于耳，大人小孩都眼巴巴地等着吃猪肉。

假如要把中国人发明出的以猪为原料的菜肴数一数，恐怕三天三夜都数不完，所以这里只介绍一个比较有名的菜肴——"东坡肉"。关于"东坡肉"的来历，还有个有趣的故事呢。

苏轼，字东坡，宋朝著名诗人。他在杭州做官时，组织民工在西湖筑了一道堤，能使四周的田地不怕涝、不愁旱，庄稼连年丰收，着实为老百姓做了一件好事。杭州百姓非常感激他，就抬猪担酒送到太守府。苏东坡推辞不掉，只好收下。他叫府上的厨师把肉切成方块，用自己家乡四川眉山炖肘子的方法，结合杭州人的口味特点，加入姜、葱、红糖、料酒、酱油，用文火焖得香嫩酥烂，然后回送百姓，每户一块，将肉分送出去。百姓们品尝着送来的红烧肉，顿时感到味道不同寻常，纷纷称其为"东坡肉"。有家饭馆老板灵机一动，设法请来太守府的厨师，按照苏东坡的方法制成"东坡肉"，于是饭店从早到晚顾客不断，生意格外兴隆。别的饭馆一见也纷纷效仿，一时间，大小饭馆都卖起了"东坡肉"，"东坡肉"于是成了杭州第一大菜。后来，"东坡肉"越传越广，越做越精，成为风靡全国的一道名菜。

怎么样，口水都要流下来了吧？

值得一提的是，并不是世界上所有民族都以猪肉为食物，有些民族和地区甚至存在对猪的禁忌。古埃及人禁猪很严格，不但不吃猪肉，连摸、碰猪都不行，而且也讨厌牧猪人。今天，伊斯兰教是世界三大宗教之一，在它的教义中，禁止教徒吃猪肉。值得注意的是，中国也有回族、维吾尔族、塔塔尔族、柯尔克孜族、哈萨克族等十个少数民族传统上普遍信仰伊斯兰教,此外,汉族、蒙古族、藏族及傣族的宗教信仰也不食猪肉,在与他们交往的时候,我们应该尊重他们的宗教信仰和风俗习惯。

作者介绍

王静波

中山大学非物质文化遗产学专业博士，荷兰莱顿大学访问学者。现为中国艺术研究院戏曲研究所副研究员。著有《国家、社群与现代地方小戏：以赣南与粤北地区采茶戏的生存和流变为考察对象》等专著。

万建中

北京师范大学文学院民间文学研究所所长、教授、博士生导师，法学博士。中国民间文艺家协会副主席，中国民俗学会副会长。国家社科基金重大项目首席专家。发表学术论文230余篇，出版30余部学术专著。